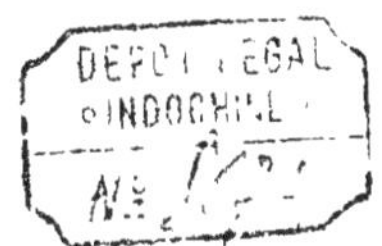

# RÉGLEMENTATION

relative aux suppléments provisoires de solde et au mode de décompte en monnaie locale du traitement des fonctionnaires des cadres métropolitains, généraux et locaux en service en Indochine.

1926

IMPRIMERIE MAC-DINH-TU
LE-VAN-TAN Succr
— HANOI —

# SOMMAIRE





Attribuant des suppléments provisoires de traitements aux fonctionnaires des cadres généraux ou locaux en service en Indochine.



relatifs au nouveau mode de décompte des traitements en monnaie locale attribués aux fonctionnaires des cadres métropolitains, généraux et locaux en service en Indochine.

# DÉCRET

*du 1er Mai 1926 attribuant des suppléments provisoires
de traitements de présence aux fonctionnaires des cadres
coloniaux dont la rémunération, fixée par décret, est imputable aux budgets généraux, locaux ou spéciaux des colonies, pays de Protectorat ou territoires sous mandat relevant du Ministère des Colonies (promulgué le 20 Juillet 1926).*

Le Président de la République Française,

Sur le rapport du Ministre des Colonies ;
Vu l'avis conforme du Ministre des Finances
Vu le sénatus-consulte du 3 Mai 1854 ;
Vu l'article 127-B de la loi de finances du 13 Juillet 1911,

DÉCRÈTE :

ARTICLE 1er — A l'exception du personnel des Gouverneurs Généraux, Résidents Supérieurs et Gouverneurs
des Colonies, il est attribué, à compter du 1er Janvier
1925, aux fonctionnaires des cadres coloniaux dont la
rémunération, fixée par décret, est imputable aux budgets
généraux, locaux ou spéciaux des colonies, pays de Protectorat ou territoires sous mandat relevant du Ministère
des Colonies, des suppléments provisoires de traitements
de présence calculés dans les conditions déterminées par
le présent décret.

Art. 2. — Les taux divers de ces suppléments sont ainsi fixés :

| TRAITEMENT DE PRÉSENCE COMPRIS ENTRE | Suppléments provisoires accordés |
|---|---|
| 1.800 et 2.000 Fr. exclus. . . . . . . | 800 Fr |
| 2.000 et 2.400 — . . . . . . . . | 1.000 |
| 2.400 et 3.000 — . . . . . . . . | 1.200 |
| 3.000 et 3.500 — . . . . . . . . | 1.500 |
| 3.500 et 3.800 — . . . . . . . . | 1.600 |
| 3.800 et 4.000 — , . . . . . . . . | 1.800 |
| 4.000 et 5.000 — . . . . . . . . | 1.900 |
| 5.000 et 6.000 — . . . . . . . . | 2.000 |
| 6.000 et 7.000 — . . . . . . . . | 2.100 |
| 7.000 et 7.500 — . . . . . . . . | 2.200 |
| 7.500 et 8.000 — . . . . . . . . | 2.300 |
| 8.000 et 10.100 — . . . . . . . . | 2.500 |
| 10.100 et 10.500 — . . . . . . . . | 2.700 |
| 10.500 et 11.000 — . . . . . . . . | 2.800 |
| 11.000 et 14.000 — . . . . . . . . | 3.000 |
| 14.000 et 15.000 — . . . . . . . . | 3.300 |
| 15.000 et 16.000 — . . . . . . . . | 3.600 |
| 16.000 et 17.000 — . . . . . . . . | 3.800 |
| 17.000 et 21.000 — . . . . . . . . | 4.000 |
| 21.000 et 27.000 — . . . . . . . . | 5.000 |
| 27.000 et 30.000 Fr. inclus. . . . . . . | 6.000 |

Art. 3. — Les suppléments provisoires institués par le présent décret sont attribuables aux fonctionnaires et agents intéressés suivant le montant de leurs traitements de présence actuels dégagés de tous accessoires, suppléments de solde, indemnités ou remises même soumis à retenue en vue de la pension.

Art. 4. — Les dispositions du présent décret ne sont applicables qu'aux traitements de présence déterminés en francs.

Elles ne peuvent avoir pour effet d'augmenter le total des émoluments actuellement perçus, en monnaie locale ou étrangère, au titre de la solde et de ses accessoires, par les fonctionnaires et agents en service dans les colonies de l'Indochine, de l'Inde, de la Côte française des Somalis et de Saint-Pierre et Miquelon.

Des arrêtés du Gouverneur Général et des Gouverneurs intéressés, prenant date pour compter du 1er Janvier 1925, interviendront pour modifier, dans ce but, les règlementations locales actuellement en vigueur.

Art. 5 — Sous réserve des mesures spéciales prévues à l'article précédent, les augmentations provisoires de traitement sont incorporées au traitement de présence en vue de la fixation du supplément colonial.

Elles sont payées aux intéressés à raison des neuf dixièmes des sommes dues conformément au tarif fixé par l'article 2 ci-dessus, le payement du dernier dixième devant être compris dans le règlement à intervenir au moment où il sera procédé consécutivement à la revision définitive des traitements des fonctionnaires de l'Etat, à celle des traitements des fonctionnaires coloniaux.

Les augmentations provisoires de traitement sont mandatées dans la même forme que la solde ; elles sont soumises à la retenue pour pension.

Le total des rappels effectués en exécution du présent décret sera réduit du montant des avances perçues au titre de l'année 1925, en exécution de l'arrêté du Ministre des Colonies du 7 Juin 1925.

Art. 6. — Le Ministre des Colonies est chargé de l'exécution du présent décret, qui sera publié au journal officiel de la République Française.

Fait à Rambouillet, le 1er Mai 1926<br>Gaston DOUMERGUE

Par le Président de la République,
Le Ministre des Colonies,
Léon PERRIER

## Le Président de la République Française,

Sur le rapport du Ministre des Colonies ;
Vu l'avis conforme du Ministre des Finances ;
Vu le sénatus-consulte du 3 Mai 1854 ;
Vu l'article 127-B de la loi de finances du 13 Juillet 1911,

DÉCRÈTE :

ART. 1er — Le deuxième paragraphe de l'article 5 du décret du 1er Mai 1926 est abrogé.

Les suppléments provisoires de traitement, déterminés par l'article 2 du même texte, seront payés aux intéressés en totalité pour compter du 1er Janvier 1925.

ART. 2 — Le Ministre des Colonies est chargé de l'exécution du présent décret, qui sera publié au Journal officiel de la République Française.

Fait à Paris, le 14 Juin 1926
Gaston DOUMERGUE

Par le Président de la République,
Le Ministre des Colonies,
Léon PERRIER

---

## Le Président de la République Française,

Sur le rapport du Ministre des Colonies ;
Vu l'avis conforme du Ministre des Finances ;
Vu le décret du 21 Juillet 1921 portant réorganisation du personnel des Gouverneurs Généraux, des Gouverneurs des Colonies et des Résidents Supérieurs,

DÉCRÈTE :

ART. 1er — Les traitements de présence des Gouverneurs Généraux, Gouverneurs et Résidents Supérieurs sont provisoirement fixés ainsi qu'il suit, à compter du

1er Janvier 1925 :

Gouverneur Général. . . . . . . . . . . . . . . . 60.000 fr.
Gouverneur ou Résident Supérieur :
    1ère classe . . . . . . . . . . . . . . . . 40.000 fr.
    2me classe . . . . . . . . . . . . . , . . 35.000 fr.
    3me classe . . . . . . . . . . . . . . :. 31.000 fr.

ART. 2 — Les dispositions de l'article 4 du décret du 1er Mai 1926 attribuant des suppléments provisoires de traitement aux fonctionnaires de certains cadres coloniaux sont étendues au personnel des Gouverneurs Généraux, Gouverneurs et Résidents Supérieurs en ce qui concerne l'application du présent décret aux fonctionnaires de ce cadre servant en Indochine ou dans les établissements français de l'Inde.

ART. 3 — Le total des rappels effectués en vertu du présent décret sera réduit du montant des avances perçues au titre de l'année 1925, en exécution de l'arrêté du Ministre des Colonies du 7 Juin 1925.

ART. 4 — Toutes les dispositions antérieures contraires à celles du présent décret sont abrogées.

ART. 5 — Le Ministre des Colonies est chargé de l'exécution du présent décret, qui sera publié au Journal Officiel de la République Française.

Fait à Paris, le 3 Juillet 1926<br>Gaston DOUMERGUE

Par le Président de la République,
    Le Ministre des Colonies,
        Léon PERRIER.

---

Le Gouverneur Général de l'Indochine,

Vu les décrets du 20 Octobre 1911 portant fixation des pouvoirs du Gouverneur Général et organisation financière et administrative de l'Indochine ;

Vu le décret du 11 Septembre 1920 fixant le régime de la solde et accessoires des fonctionnaires des cadres locaux des colonies ;

Vu les arrêtés des 18 Février et 25 Février 1921 portant règlement sur la solde, les accessoires de solde et le supplément colonial des divers personnels civils entretenus sur les fonds des différents budgets de l'Indochine et les actes subséquents qui les complètent ou modifient ;

Vu le décret du 1er Mai 1926 portant relèvement provisoire des traitements de présence des fonctionnaires des cadres coloniaux ;
La Commission permanente du Conseil de Gouvernement de l'Indochine entendue,

ARRÊTE:

ART. 1er — Il est attribué, à compter du 1er Janvier 1925, aux fonctionnaires des cadres européens des corps ou services de l'Indochine, constitués et organisés par arrêtés locaux et entretenus sur le budget général de la Colonie, les budgets annexes du budget général ou les budgets locaux des divers pays formant l'union indochinoise, des suppléments provisoires de traitements de présence calculés dans les conditions déterminées par le présent arrêté.

ART. 2 — Les taux divers de ces suppléments sont ainsi fixés :

| TRAITEMENTS DE PRÉSENCE COMPRIS ENTRE : | Suppléments provisoires accordés |
|---|---|
| 1.800 et 2.000 Fr exclus. . . . . . | 800 Frs |
| 2.000 et 2.400 — . . . . . . . | 1.000 |
| 2.400 et 3.000 — . . . . . . . | 1.200 |
| 3.000 et 3.500 — . . . . . . . | 1.500 |
| 3.500 et 3.800 — . . . . . . . | 1.600 |
| 3.800 et 4.000 — . . . . . . . | 1.800 |
| 4.000 et 5.000 — . . . . . . . | 1.900 |
| 5.000 et 6.000 — . . . . . . . | 2.000 |
| 6.000 et 7.000 — . . . . . . . | 2.100 |
| 7.000 et 7.500 — . . . . . . . | 2.200 |
| 7.500 et 8.000 — . . . . . . . | 2.300 |
| 8.000 et 10.100 — . . . . . . . | 2.500 |
| 10.100 et 10.500 — . . . . . . . | 2.700 |
| 10.500 et 11.000 — . . . . . . . | 2.800 |
| 11.000 et 14.000 — . . . . . . . | 3.000 |
| 14.000 et 15.000 — . . . . . . . | 3.300 |
| 15.000 et 16.000 — . . . . . . . | 3.600 |
| 16.000 et 17.000 — . . . . . . . | 3.800 |
| 17.000 et 21.000 — . . . . . . . | 4.000 |
| 21.000 et 27.000 — . . . . . . . | 5.000 |
| 27.000 et 30.000 inclus. . . . . . | 6.000 |

Art. 3 — Les suppléments provisoires institués par le présent arrêté sont attribuables aux fonctionnaires et agents intéressés suivant le montant de leurs traitements de présence actuels dégagés de tous accessoires, suppléments de solde, indemnités ou remises même soumis à retenue en vue de la pension.

Art. 4 — Les dispositions du présent arrêté ne sont applicables qu'aux traitements de présence déterminés en francs.

Elles ne peuvent avoir pour effet d'augmenter le total des émoluments actuellement perçus en monnaie locale, par les fonctionnaires et agents en service dans la Colonie.

Art. 5 — Sous réserve des mesures spéciales prévues à l'article précédent, les augmentations provisoires de traitement sont incorporées au traitement de présence en vue de la fixation du supplément colonial.

Les augmentations provisoires de traitement sont mandatées dans la même forme que la solde; elles sont soumises à la retenue pour pension.

Le total des rappels effectués en exécution du présent arrêté sera réduit du montant des avances perçues au titre de l'année 1925, en exécution de l'arrêté du Ministre des Colonies du 7 Juin 1925.

Art. 6 — Le Secrétaire Général du Gouvernement Général de l'Indochine, le Gouverneur de la Cochinchine, les Résidents Supérieurs au Tonkin, en Annam, au Cambodge et au Laos, le Directeur des Finances de l'Indochine, le Résident Supérieur chargé de l'administration du Territoire de Kouang-Tchéou-Wan et les Chefs de Service relevant du Gouvernement Général sont chargés, chacun en ce qui le concerne, de l'exécution du présent arrêté.

Saigon, le 20 Juillet 1926

Signé : A. VARENNE

Visé au Contrôle Financier
le 19 Juillet 1926 — N· 1632

## Le Gouverneur Général de l'Indochine,

Vu les décrets du 20 Octobre 1911 portant fixation des pouvoirs du Gouverneur Général et organisation financière et administrative de l'Indochine ;

Vu le décret du 2 Mars 1910 ensemble les décrets du 11 Septembre 1920, portant règlement sur la solde et les accessoires de solde du personnel des services coloniaux ;

Vu le décret du 1er Mai 1926, modifié par le décret du 11 Juin 1926

Vu l'arrêté interministériel du 2 Mai 1926 ;

Vu le câblogramme ministériel N· 511 du 20 Juin 1926 ;

Vu l'arrêté en date du 18 Février 1921 ;

Vu les arrêtés Nos 680 et 1.936 bis des 25 Février et 21 Juin 1921 ;

Vu les arrêtés Nos 2.970 et 2.971 du 11 Juillet 1925 ;

Vu l'arrêté du 20 Juillet 1926, No 68-S accordant des majorations provisoires de traitement aux fonctionnaires des Services locaux régis par arrêtés du Gouverneur Général ;

Sur la proposition du Directeur des Finances ;

La Commission permanente du Conseil de Gouvernement de l'Indochine entendue,

### ARRÊTE :

ARTICLE PREMIER — La solde des fonctionnaires et agents civils des cadres métropolitains, généraux et locaux européens en service et présents en Indochine, entretenus sur les fonds des budgets général, locaux ou annexes comporte :

1o — la solde de présence telle qu'elle est fixée par les décrets et arrêtés règlementaires ;

2o — le supplément colonial fixé aux 7/10 de la solde de présence, conformément aux dispositions du décret du 11 Septembre 1920 ; ces deux éléments étant convertis en piastres au taux officiel du dernier jour de chaque mois ;

3o — une indemnité de change en piastres, variable et calculée comme il sera indiqué aux articles 2 et 3 suivants.

Art. 2 — A partir du 1er Juillet 1926, le montant de l'indemnité de change sera déterminé mensuellement de telle façon qu'ajouté aux sommes perçues en piastres au titre de la solde de présence et du supplément colonial, le total mensuel des émoluments de chaque fonctionnaire soit égal à 1/12 du traitement qu'a perçu, au cours de l'année 1925, un fonctionnaire de son grade, sa classe ou son échelon.

Art. 3 — En ce qui concerne la période comprise entre le 1er Janvier 1925 et le 1er Juillet 1926, l'indemnité de change sera calculée mensuellement de façon à ce qu'ajoutée aux sommes perçues au titre de la solde de présence et du supplément colonial, elle reproduise exactement sans versements complémentaires et sans reprises, les sommes réellement perçues par les fonctionnaires pendant cette même période.

Art. 4 — Toutes dispositions antérieures contraires au présent arrêté sont et demeurent abrogées.

Art. 5 — Le Secrétaire Général du Gouvernement Général, les Chefs des Administrations locales, le Directeur des Finances et les Chefs de Service relevant du Gouvernement Général sont chargés, chacun en ce qui le concerne, de l'exécution du présent arrêté qui entrera en vigueur à compter du 1er Juillet 1926.

Saigon, le 20 Juillet 1926<br>Signé : A. Varenne

Visé au Contrôle Financier
le 19 Juillet 1926 – N° 1633

Le Gouverneur Général de l'Indochine,

Vu les décrets du 20 Octobre 1911 portant fixation des pouvoirs du Gouverneur Général et organisation financière et administrative de l'Indochine ;
Vu le décret du 11 Septembre 1920 fixant le régime de la solde et accessoires des fonctionnaires des cadres locaux des colonies ;
Vu le décret du 1er Mai 1926 portant relèvement provisoire des traitements de présence des fonctionnaires des cadres coloniaux ;
Vu l'arrêté du 20 Juillet 1926 fixant le mode de paiement des émoluments en monnaie locale acquis par les fonctionnaires et agents civils des cadres métropolitains généraux et locaux européens en service et présents en Indochine et entretenus sur les fonds du budget général et des budgets locaux ou annexes,

Arrète :

Article premier — Par dérogation aux dispositions de l'arrêté du 20 Juillet 1926, l'indemnité de change accordée aux Contrôleurs des Douanes et Régies est celle correspondant aux soldes de présence fixées par l'arrêté du 4 Juin 1926.

Art. 2 — Les Administrateurs des Colonies détachés en Indochine sont assimilés, en ce qui concerne leur traitement mensuel en monnaie locale, aux fonctionnaires des Services Civils de l'Indochine conformément au tableau de correspondance ci-après :

| | |
|---|---|
| Administrateur en Chef des Colonies : | Administrateur de 1re cl. des S. C. |
| a) — Après 3 et 6 ans de grade : | a) — Après 3 ans de grade |
| b) — Avant 3 ans : | b) — Avant 3 ans |
| Administrateur de 1re cl. des Colonies des 3 échelons. . . . . . . : | Administrateur de 2me classe des Services Civils |
| Administrateur de 2me cl. des Colonies des 2 échelons | Administrateur de 3me classe des Services Civils |
| Administrateur - adjoint de 1re classe des Colonies : | |
| a) — Après 6 ans. . . . . . . . : | a) Administrateur-adjoint hors cl. des Services Civils |
| b) — Après 3 ans. . . . . . . . : | b) Administrateur-adjoint des S. C. de 1re classe après 3 ans |
| c) — Avant 3 ans. . . . . . . . : | c) Administrateur-adjoint des S. C. de 1re classe avant 3 ans |
| Administrateur-adjoint de 2me classe des Colonies : | |
| a) — Après 3 ans. . . . . . . . : | a) Administrateur-adjoint de 2me classe des S. C. |
| b) — Avant 3 ans . . . . . . . . : | b) Administrateur-adjoint de 3me classe des S. C. |
| Elève - Administrateur des Colonies : | Elève-Administrateur des S. C. |

Art. 3 — Les dispositions de l'article 2 du présent arrêté sont applicables à partir du 1er Juillet 1925.

Art. 4 — Le Secrétaire Général du Gouvernement Général, les Chefs des Administrations locales, le Directeur des Finances et les Chefs de Service relevant du Gouvernement Général sont chargés, chacun en ce qui le concerne, de l'exécution du présent arrêté.

Saigon, le 21 Juillet 1926
Signé : VARENNE

Visé au Contrôle Financier
le 19 Juillet 1926 — No 1.634

Hanoi, le 23 Août 1926

## INSTRUCTION

*pour l'application de l'arrêté du 20 Juillet 1926 relatif au nouveau mode de décompte des traitements en monnaie locale attribués aux fonctionnaires des cadres métropolitains, généraux et locaux en service en Indochine.*

Vous trouverez au Journal Officiel de la Colonie du 4 Août courant, un arrêté en date du 20 Juillet dernier fixant le nouveau mode de décompte des traitements en monnaie locale attribués aux fonctionnaires des cadres métropolitains, généraux et locaux en service en Indochine et présents à la Colonie.

L'article 2 de cet arrêté spécifie qu'à partir du 1er Juillet 1926 le total mensuel des émoluments en piastres acquis par chacun des fonctionnaires intéressés est fixé au douzième du traitement qu'a perçu *effectivement* au cours de 1925, et pour l'année entière de présence un fonctionnaire de même grade, classe ou échelon.

Les traitements en piastres des fonctionnaires en service en Indochine et présents à la Colonie sont donc désormais invariables, quel que soit le taux officiel de la piastre.

Leur quantum par grade, classe, échelon est celui qui figure au barème annexé à la présente instruction en regard de la solde de présence *perçue réellement en 1925.*

Voici quelques exemples du fonctionnement pratique des dispositions nouvelles :

1o — Un *Administrateur de 3e classe des Services Civils* a perçu en 1925 au titre de la solde et du supplément Colonial :

a) Solde de présence. . . . . . . . . 14.000 f
donnant, au taux officiel du dernier jour de chaque mois de l'année 1925 . . . . 1.168$96

b) Supplément colonial d'après le barème annexé à l'arrêté du 21 Juin 1921 . . . . 5.115,00

Total des émoluments en monnaie locale perçus en 1925 . . . . 6.283$96

Cette somme qui figure dans le barême annexé à la présente instruction en face du montant, 14.000 francs de la solde de présence payée pendant l'année 1925, représente le *traitement fixe* global en monnaie locale qui sera désormais attribué à l'Administrateur de 3ème classe des Services Civils quel que soit le taux de la piastre.

2° — *Inspecteur de 2me classe de l'Enregistrement.*

Solde de présence perçue en 1925 ... 12.000 f

Traitement fixe global en piastres du barême .... 5.716$96

En sus de ce traitement, ce fonctionnaire continuera à percevoir, jusqu'à nouvel ordre, les indemnités spéciales en francs et en piastres fixées par l'arrêté du 21 Février 1924, soit, en la circonstance, 5.000 francs et 1.000 piastres.

3° — Le même décompte s'applique au personnel détaché du cadre métropolitain des Postes et des Télégraphes.

Par exemple, un rédacteur principal dont la solde de présence en 1925 était fixée à 10.000 francs percevra à partir du 1er Juillet 1926 un traitement global en piastres de 5.109$97, chiffre correspondant du barême, auquel s'ajouteront les indemnités portées au tableau N· 2 joint à l'arrêté du 10 Novembre 1921, soit 2.000 francs et 440 piastres.

La quotité du traitement global en piastres étant ainsi déterminée pour chaque fonctionnaire, le décompte des mandats s'établira à l'avenir de la manière suivante à compter du 1er Juillet 1926.

1° — Solde de présence en francs telle *qu'elle est fixée par les textes les plus récents* (y compris les suppléments provisoires de traitement pour les fonctionnaires qui en bénéficient en vertu du décret du 1er Mai 1926 et de l'arrêté du Gouverneur Général du 20 Juillet 1926).

2° — Supplément colonial en francs égal aux sept dixièmes de la solde de présence.

L'arrêté prévoit que ces deux éléments du traitement seront convertis en piastres au taux officiel du dernier jour de chaque mois.

3º — Indemnité de change en piastres égale à la différence entre le traitement global fixe du nouveau barême et la somme en piastres produit de la conversion *au taux du jour de l'établissement du mandat* de la solde de présence et du supplément colonial.

4º — Il restera alors à précompter sur le montant brut ainsi obtenu et *qui sera naturellement égal au traitement global du barême* le montant du versement pour pension calculé sur la solde de présence définie au paragraphe 1ᵉʳ ci-dessus ou sur la solde de parité d'office (magistrats, receveurs de l'Enregistrement. etc . . .). Les retenues pour pensions seront effectuées comme précédemment.

## ETABLISSEMENT DU MANDAT DE SOLDE D'AOUT 1926

Les mandats de solde du mois d'Août 1926 seront établis sur les mêmes bases que ceux du mois de Juillet 1926.

## RAPPEL DES SOMMES ACQUISES DU 1er JUILLET
## 1926 AU 30 AOUT 1926.

Le mandat de rappel concernant les mois de Juillet et Août 1926 sera établi d'après les indications portées à l'annexe ci-jointe, dès réception de la présente instruction.

## RAPPEL ÉVENTUEL DE LA DIFFÉRENCE
*entre les nouvelles soldes de présence et les anciennes pendant les périodes de séjour hors de l'Indochine (congés et traversées) à partir du 1ᵉʳ Janvier 1925.*

Ces rappels seront effectués au moyen d'ordres de paiement établis en francs qui seront valables et régularisés dans les mêmes conditions que les ordres de paiement émis pour les dépenses de matériel (arrêtés des 24 Décembre 1908 et 11 Mars 1913). Il y aura lieu de ne pas omettre les précomptes pour pensions. Les ordres de paiement seront appuyés obligatoirement d'un extrait du livret de solde établissant les droits des intéressés

De ces rappels, il y aura lieu de déduire *les avances exceptionnelles* de 500 francs et 250 francs perçues en vertu des arrêtés ministériels des 12 Février et 7 Juin 1925.

Les services liquidateurs dresseront avec exactitude le montant des avances à reprendre, ce travail leur sera facilité au moyen des contrôles de solde qui doivent comprendre le relevé complet des ordres de paiement émis en France durant les périodes d'absence de la Colonie.

*<br>* *

## RÈGLEMENT DE LA SITUATION

*du personnel présent en Indochine entre le 1er Janvier 1925 et le 30 Juin 1926.*

On remarquera que cette situation ne donnera lieu à l'établissement d'aucun document comptable puisque l'article 3 de l'arrêté du 20 Juillet a décidé que la fixation des nouvelles soldes de présence ne donnerait lieu à aucun rappel ni à aucune reprise au point de vue du traitement.

*<br>* *

La présente instruction ne s'applique qu'aux fonctionnaires et agents des cadres tributaires d'un régime de pension et non aux agents rétribués par contrats individuels.

Pour le Directeur des finances absent<br>et par son ordre :<br>*Le Sous-Directeur*<br>DESJARDINS

# ANNEXE

## MODE D'ÉTABLISSEMENT

*du mandat de rappel (mois de Juillet et Août 1926) d'un fonctionnaire tributaire de la Caisse locale de retraites ayant perçu réellement de 12.000 francs en 1925.*

Ce fonctionnaire reçoit désormais un supplément provisoire de 3.000frs. qui porte sa solde de présence à 15.000frs. Il est redevable envers la Caisse de retraites :

1°) Du premier douzième d'augmentation sur 3.000 frs.

2°) De 10·/. sur ces 3.000 frs. d'augmentation pour la période écoulée depuis le 1er Janvier 1925.

Dans l'exemple choisi, nous supposons que l'intéressé avait déjà une solde de 12.000 frs. à la date du 1er Janvier 1925, que son décompte d'Août a été établi au taux de 19f,00 et que le mandat de rappel sera liquidé, la piastre étant cotée officiellement par exemple à 20f.00 :

*M. X. . . aurait dû percevoir en Juillet et Août 1926 conformément aux arrêtés du 20 Juillet 1926 (Barême ci-joint).*

$$\frac{5.716\$96 \times 2 \text{ mois}}{12} = \ldots \ldots \ldots \ldots \quad 952\$83$$

*Or, M. X. . . a perçu en fait :*

$$\text{Solde de présence :} \quad \frac{12.000}{12 \times 23.00} + \frac{12.000}{12 \times 19.00} = 96\$11$$

$$\text{Supplément Colonial :} \quad \frac{4,715\$ \times 2}{12} = \ldots \ldots 785.83$$

$$\left. \right\} 881.94$$

$$\text{Différence à rappeler.} \ldots \quad 70\$89$$

*Retenue du premier douzième d'augmentation :*

$$\frac{3.000 - 10·/.}{12 \times 20.00} = \ldots \ldots \ldots \ldots \quad .11.25$$

$$\text{Brut à mandater.} \ldots \quad 59\$64$$

Brut à mandater . . . 59$64

*A déduire au profit Caisse locale de retraites :*

*1·) Du 1er Janvier 1925 au 31 Août 1926 :*

$$\frac{10 \times 3.000 \times 20 \text{ mois}}{100 \times 12 \times 20.00} = \ldots \ldots 25\$00$$

*2·) Mois d'Août 1926 (reprise ou rappel du plus ou moins perçu)*

$$\frac{10 \times 12.000}{100 \times 12 \times 18.00} - \frac{10 \times 12.000}{100 \times 12 \times 19} = \ldots \ldots 0.29$$

25.29

18 frs. étant le taux supposé de fin Août

Net à payer . . . . . . . . . 34$35

***

A partir du mois de Septembre, les mandats mensuels devront faire ressortir, suivant le taux de la piastre, les trois éléments de la solde : solde et supplément colonial en francs, indemnité de change en piastres. Au taux de 20f,00 par exemple, le décompte s'établira comme suit :

$$\text{Solde et supp}^{\text{t}}\text{. colonial:} \frac{17 \times 15.000}{10 \times 12 \times 20.00} = 106\$25$$

$$\text{Indemnité de change :} \frac{5.716\$96}{12} - 106.25 = 370.16$$

476$41 BRUT

*A déduire au profit Caisse locale de retraites :*

$$\frac{10 \times 15.000}{100 \times 12 \times 20.00} = \ldots \ldots \ldots 6.25$$

470$16 NET

***

Dans l'hypothèse où le fonctionnaire est tributaire au point de vue des pensions non de la Caisse locale de retraites, mais de la législation métropolitaine, il n'y a à considérer que la retenue de 6% au lieu de 10% à l'exclusion des retenues du premier douzième d'augmentation.

| Soldes de présence perçues en 1925 par grade, classe et échelon (anciennes soldes) | Total des émoluments annuels en piastres alloués en conformité de l'arrêté du 20 Juillet 1926 (solde, supplément colonial et indemnité de change) | Soldes de présence perçues en 1925 par grade, classe et échelon (anciennes soldes) | Total des émoluments annuels en piastres alloués en conformité de l'arrêté du 20 Juillet 1926 (solde, supplément colonial et indemnité de change) |
|---|---|---|---|
| 4.000f. | 2.468$98 | 18.000f. | 7.417$94 |
| 4.500 | 2.705.73 | 18.500 | 7.559.69 |
| 5.000 | 2.942.48 | 19.000 | 7.7014.4 |
| 5.500 | 3.184.23 | 19.500 | 7.843.19 |
| 6.000 | 3.420.98 | 20.000 | 7.984.94 |
| 6.500 | 3.657.73 | 20.500 | 8.126.68 |
| 7.000 | 3.899.48 | 21.000 | 8.268.43 |
| 7.500 | 4.136.23 | 21.500 | 8.410.18 |
| 8.000 | 4.372.97 | 22.000 | 8.551.93 |
| 8.500 | 4.559.72 | 22.500 | 8.693.68 |
| 9.000 | 4.741.47 | 23.000 | 8.835.43 |
| 9.500 | 4.923.21 | 23.500 | 8.977.18 |
| 10.000 | 5.109.97 | 24.000 | 9.118.92 |
| 10.500 | 5.291.72 | 24.500 | 9.260.67 |
| 11.000 | 5.433.46 | 25.000 | 9.402.42 |
| 11.500 | 5.575.21 | 25.500 | 9.544.17 |
| 12.000 | 5.716.96 | 26.000 | 9.685.92 |
| 12.500 | 5.858.71 | 26.500 | 9.827.67 |
| 13.000 | 6.000.46 | 27.000 | 9.969.41 |
| 13.500 | 6.142.21 | 27.500 | 10.111.16 |
| 14.000 | 6.283.96 | 28.000 | 10.252.91 |
| 14.500 | 6.425.70 | 28.500 | 10.394.66 |
| 15.000 | 6.567.45 | 29.000 | 10.536.41 |
| 15.500 | 6.709.20 | 29.500 | 10.678.16 |
| 16.000 | 6.850.95 | 30.000 | 10.819.90 |
| 16.500 | 6.992.70 | | |
| 17.000 | 7.134.45 | | |
| 17.500 | 7.276.19 | 50.000 | 16.489.84 |

# MODE de calcul suivi pour obtenir le chiffre de la colonne N⸰ 2 du présent barême.

*Pour une solde annuelle de 4.000 francs*

4.000f à 10f.25 taux du 31 Janvier 1925. . . . . . 32$520

12

| » | 10.80 | — | 28 Février 1925. . . . . . | 30.8641 |
| » | 10.55 | — | 31 Mars 1925. . . . . . | 31.5950 |
| » | 10.70 | — | 30 Avril 1925. . . . . . | 31.1525 |
| » | 11.20 | — | 31 Mai 1925. . . . . . | 29.7616 |
| » | 12.40 | — | 30 Juin 1925. . . . . . | 26.8816 |
| » | 11.80 | — | 31 Juillet 1925. . . . . . | 28.2483 |
| » | 12.45 | — | 31 Août 1925. . . . . . | 26.7733 |
| » | 12.15 | — | 30 Septembre 1925. . . . . . | 27,4341 |
| .» | 13.50 | — | 31 Octobre 1925. . . . . . | 24.6908 |
| » | 14.60 | — | 30 Novembre 1925. . . . . . | 22.8308 |
| » | 15.70 | — | 31 Décembre 1925. . . . . . | 21.2308 |

333$9829

A ajouter : Ancien supplément colonial . . . . . . 2.135.00

Total égal à la colonne n° 2 du barême . . . . 2.468$9829

Tirage mille sept cents exemplaires

Hanoï, le 2 Septembre 1926